AF263408

AFFAIRE E. DE GIRARDIN

DÉLIT D'EXCITATION A LA HAINE ET AU MÉPRIS DU GOUVERNEMENT

POLICE CORRECTIONNELLE (6e Chambre)

Audience du 17 avril 1867

PLAIDOIRIE DE Mᴱ ALLOU

POUR

M. Émile De GIRARDIN

Messieurs,

Je n'ouvre jamais l'histoire de la Restauration ou celle du régime qui l'a suivie, sans m'étonner au spectacle de ces procès de presse, toujours renouvelés et toujours impuissants, témoignages de faiblesse plutôt que de force, où l'accusé grandit s'il triomphe et où il grandit davantage peut-être encore, s'il succombe! Les exemples du passé seront-ils toujours perdus pour le présent, et ne préparons-nous pas à ceux qui viendront après nous les mêmes étonnements et une semblable surprise?

Que de grands noms ont traversé cette enceinte! Combien de pages que la justice voulait déchirer et qui ont pris définitivement place dans notre histoire littéraire! On a déjà fait un gros volume de toutes les condamnations qui ont été prononcées sous le régime actuel pour délits de presse. Tout cela paraît bien étrange aux hommes de la génération à laquelle j'appartiens! La première idée politique qui ait traversé notre esprit, c'est celle de la liberté de la presse : c'est le mot d'ordre, c'est le cri de ralliement, auquel s'écroulait, quand nous étions enfants, le gouvernement de 1815. J'ai bien tous ces souvenirs encore présents à la pensée. Nous nous agitions, nous aussi, dans les cours de nos colléges, en criant : Vive la liberté de la presse, pendant que nos pères tombaient sous le feu des gardes suisses, devant la colonnade du Louvre, en répétant : Vive la liberté de la presse!

Trente-six années se sont écoulées : nous vivons, dit-on, dans un temps de progrès, de développement, de mouvement vers des *destinées meilleures*, puisque le mot est consacré : Eh bien! regardez l'espace parcouru. Nous sommes aujourd'hui en présence d'un projet de loi annoncé comme libéral, qui fixe à 25,000 francs le maximum de l'amende qui pourra être prononcée contre un journal poursuivi, et nous voyons introduire comme une chose toute simple, dans l'élaboration du projet, un amendement déjà immortel, qui propose, en définitive, de faire rédiger par le gouvernement les journaux de l'opposition!

Et l'on ne ne veut pas que nous regardions avec un œil d'envie les pays voisins, et que nous admirions le premier ministre de la libre Angleterre se levant dans un banquet et choisissant le toast auquel pouvaient le mieux s'unir les sympathies du pays tout entier, buvant : A la presse libre! A la presse, vrai fondement de toute liberté!

Et l'on ne veut pas que nous regardions avec humiliation l'Angleterre encore , envoyant à ce grand Congrès industriel, troublé si fort en ce moment par le choc des armes, tous ses journaux, libres de poursuites et de censure, les étalant avec orgueil, comme un témoignage énergique de sa vie intellectuelle et morale! Ah! on n'eût guère pensé chez nous à une exposition de cette nature, et dans tous les cas, il y a une chose dont je suis bien sûr, c'est qu'on n'eût pas exposé le journal *la Liberté* !

Avant d'aborder le procès lui-même, Messieurs, je veux vous parler un peu de M. de Girardin. Je ne veux pas faire son portrait difficile à fixer peut-être. Depuis quarante ans, M. de Girardin tient une large place dans la vie politique de notre pays : c'est une personnalité vigoureuse, et, comme toutes les natures énergiques, il a excité parfois de grandes colères et souvent d'ardentes sympathies ; mais jamais on ne lui a refusé la volonté et le courage ; je voyais sur le cachet qui ferme les lettres qu'il m'adressait ces jours passés, un seul mot : *stabo! toujours debout!* C'est une devise fière ; il est impossible de ne pas reconnaître qu'il a le droit de la prendre ! M. de Girardin a apporté dans la politique un caractère pratique, l'idée du développement et du progrès, faisant d'ailleurs bon marché des institutions et des personnes ; peu d'hommes ont mis en circulation autant d'idées nouvelles, soit en les envoyant dans les pays voisins pour qu'elles nous revinssent plus tard de seconde main, comme la réforme postale, soit chez nous, pour les y retrouver plus tard répandues et mûries par la discussion. Pour M. de Girardin, il faut utiliser les gouvernements et les ministères quels qu'ils soient, en tirer ce qu'ils peuvent donner ; ce qui importe, c'est le résultat plutôt que le moyen ; à travers tout cela, le sentiment de la liberté n'a jamais fait défaut à M. de Girardin, et il a pu dire : Je défie qu'on cite un seul jour où la liberté ait été d'un côté, et où je me sois trouvé de l'autre !

C'est ainsi qu'en 1834 il abordait la politique, c'est ainsi qu'en 1848 il jetait ce mot *confiance!* qui mettait à ses pieds la bourgeoisie effarée et tremblante. C'est encore à ce sentiment qu'il obéissait quand il accueillait la Présidence et l'Empire. Peu soucieux, je le répète, des institutions fon-

damentales et des principes qui servent de programme et de formules
habituelles aux partis ! Voilà ce qu'a été M. de Girardin, voilà où est le
lien, l'unité de ses idées et de sa vie, si je l'ai bien compris.

Mais M. de Girardin a toujours gardé son indépendance ; avec le sentiment précisément dont je parlais tout à l'heure, les causes qu'il a servies,
il a voulu les servir en volontaire, en irrégulier ; nul n'a pu se flatter de
l'enrégimenter, il a toujours réservé la liberté de sa personne et de sa
pensée. On lui a reproché quelquefois de n'avoir jamais accepté de drapeau, on ne lui a jamais reproché d'avoir subi aucune livrée ! C'est ainsi
qu'il a servi le gouvernement actuel, avec un dévouement dont il
s'étonne que l'on n'ait pas compris le véritable caractère et sur lequel il
faut bien insister un peu. En 1849, le rôle de M. de Girardin fut accen-
tué à ce point que le futur Président n'était guère appelé dans les luttes
de la presse que le *candidat de M. de Girardin ;* et lorsque je parcours les
vieux numéros de son journal, — les numéros que voici, — j'y vois qu'au
mépris de cet intérêt des annonces, qui a bien son importance dans
l'administration financière d'un journal, la place réservée ordinairement
aux insertions payées est occupée par des bulletins préparés portant
ce nom : *Louis-Napoléon Bonaparte.*

Voici encore et comme souvenir caractéristique de ce temps une petite
feuille de caricatures : — Je glisse rapidement. Je me surveille moi-
même, et je suis assuré de maintenir les observations que j'apporte au
Tribunal dans les limites d'une stricte convenance. M. de Girardin est
représenté en arlequin et en pierrot à la fois ; il escamote la République
et la remplace par une autre figure : vous devinez laquelle ; tout à l'en-
tour sont des croquis railleurs, agressifs ; en tête, on lit : *la Presse et la
candidature de* Louis Napoléon.

A ce moment-là le rôle de M. de Girardin n'est équivoque pour personne ; il se jette vaillamment dans la mêlée. On l'accuse, on le menace,
il combat toujours.

Voici ce que lui écrivent des amis comme la vieille madame Hamelin :

« . . . . . Affreux socialiste, oui vous êtes amoureux du Président ; mais c'est une extravagance ! . . . . . . »

Ecoutez maintenant les adversaires :

M. de Girardin a des cartons remplis des lettres qui lui furent écrites alors : c'est un homme qui conserve beaucoup que M. de Girardin. Il a ses archives à lui, curieuses et instructives, et elles sont une partie de sa force ; il a pu mettre dans les mains de son défenseur une grande quantité de documents et de souvenirs ; mais je choisis :

Voici une première lettre :

« Citoyen, qui ne l'êtes pas, si vous tenez à la vie pour vous et votre préten-
« dant, tâchez qu'on ne le nomme pas . . . . . .
« . . . .

« . . . . . . Nous avons juré sa mort et il mourra. . . . . si vous persistez,
« vous êtes perdu. . . . . »

Suit une signature dont la formule avait bien sa valeur à cette époque :

« Un insurgé qui a conservé ses armes ! . . . .

Je lis encore :

« Si d'ici deux jours au plus tard, vous ne changez de politique et ne cessez vos attaques, je vous jure sur ma tête de 58 ans que vous ne jouirez pas du fruit de l'élection de votre candidat. »

Celle-ci est signée Borel, ancien graveur sur acier.

En voici une dernière :

« Brigand, scélérat de Girardin, si ton candidat triomphe, prends garde à
« toi. . . . .

Signé : « Un citoyen prêt à sacrifier sa
« vie pour sauver son pays ! »

D'un autre côté, ceux que M. de Girardin servait ne semblaient point ingrats. Un personnage bien oublié, mais qui a eu ses jours historiques, M. Carlier, l'ancien préfet de police, lui écrivait :

« J'ai donné votre brochure à un ami ; soyez assez bon pour m'en envoyer une autre ornée de votre signature pour être placée dans le coin d'un bahut où je ne mets que les bonnes choses..... »

. . . .

Je ne lis plus qu'une lettre :

« Mon cher Monsieur de Girardin,

« Je vous envoie une note qui m'est venue de source certaine et qui sera bonne à publier.

« Vous me feriez aussi grand plaisir d'insérer dans votre journal, que j'ai pris la résolution de louer une maison près de Paris afin d'éviter la quantité de visites qui m'obsèdent et les attroupements qui depuis trois jours remplissent la place Vendôme, que par conséquent je ne recevrai plus comme par le passé.

« Je saisis avec plaisir cette occasion de vous remercier de votre *appui* et de vous exprimer mes sentiments de vive sympathie !

« L. Napoléon BONAPARTE. »

Et cependant, Messieurs, après tous ces services, à l'heure du coup d'Etat, M. de Girardin n'eut pas moins l'honneur d'être compris dans la liste des grands proscrits. Il n'en conserva ni amertume ni colère ; au retour, il servit l'Empire avec le même dévouement, avec la même ardeur. J'ai sous les yeux un volume entier composé de nombreux emprunts faits à ses écrits ; c'est un livre que l'éditeur Lévy fera paraître demain ; il renferme un choix de pensées et de maximes empruntées à M. de Girardin, à ses études sur toutes les grandes questions du temps ; à l'occasion de l'Empereur Napoléon Iᵉʳ, il dit :

. . . .

« . . . . . . C'est le poëte du peuple. . . . .
Un seul homme comme Napoléon a plus de valeur à mes yeux que les cinq
ou six cents lois que nos deux Chambres ont votées depuis qu'il a cessé de régner
sur la France. . . . . »

Et en parlant de Napoléon III :

« . . . . Ses tendances sont à la fois hautes, droites et profondes. . . . . ;
ce qui le caractérise, ce n'est pas l'entraînement ; nul mieux que lui, nul aussi
bien que lui, ne sait attendre patiemment le moment propice. . . . .
Je le dis, parce que c'est la vérité : il est impossible d'avoir de meilleures
intentions que celles dont l'empereur Napoléon III est animé, etc., etc.

Par ces lectures, Messieurs, c'est l'attitude de M. de Girardin, c'est le
ton général, c'est sa situation que je veux bien caractériser dans ses
traits d'ensemble.

Dans ces derniers temps, à la traverse même d'articles qu'on accuse,
est-ce que nous ne retrouvons pas l'article intitulé, *Les Optimistes*, en
réponse à ceux qui reprochaient à M. de Girardin son trop de confiance ;
il y insistait pour démontrer tout ce qu'on pouvait attendre de l'Empereur. Il exaltait les grandes conceptions, la supériorité des vues !

Maintenant et encore une fois, il est évident que M. de Girardin
ne s'est jamais donné tout entier ; ceux qui se donnent tout entiers,
laissez-moi le dire, ce sont ceux qui se vendent ; ceux qui conservent
leur libre appréciation dans leur affection même, n'en gardent que
plus de valeur, plus de force, plus d'autorité. M. de Girardin n'a pas le
tempérament plein de quiétude de M. Boniface du *Constitutionnel,* par
exemple (et je demande pardon de citer un nom). Il s'est dévoué, mais
il ne s'est pas livré. En mettant au service de la Présidence et de l'Empire
ce qu'il a d'intelligence et d'énergie, il a conservé sa liberté ; dans ces
quinze dernières années il a rendu de grands services, mais il a gardé
le sentiment de sa propre indépendance !

Qu'avait-il à craindre à marcher ainsi dans sa voie ? Est-ce qu'il ne
réalisait pas le programme même du gouvernement actuel ?

Que dit-on tous les jours aux gens d'opposition? Il est une condition au prix de laquelle vous êtes assurés de toute votre liberté ! commencez par subir le principe que nous représentons, et vous direz, et vous ferez tout ce que vous voudrez ! Vous savez bien comment on nous fait, à ce point de vue, une histoire d'Angleterre..., de la même façon qu'on nous a fait une histoire romaine : « En Angleterre, a-t-on répété cent fois, l'oppo-
« sition la plus avancée ne s'attaque qu'aux actes du gouvernement, mais
« elle s'incline doucement sous le sceptre d'une femme ; en Angle-
« terre, il n'y a pas de partis extrêmes ; personne ne songe à ravir
« à la reine sa couronne ; donnez-nous seulement ce respect de la cons-
« titution et nous vous abandonnons tout le reste. Reconnaissez la
« légitimité de notre origine, et vous serez ensuite à votre gré, Cobden,
« Bright ou Russell! »

On nous disait cela très-nettement dans une circulaire de M. de Padoue, dès 1859, et dans une circulaire de M. de Persigny, dont la date est du 7 décembre 1860 ; les voici toutes les deux :

La première dit :

« ..... Le gouvernement ne confondra pas le droit de contrôle avec la malveillance systématique et la malveillance calculée. Le gouvernement ne demande pas mieux que de voir son autorité éclairée par la discussion..... »

Et je lis dans la seconde :

« Rappelez-vous que c'est dans l'intérêt de l'État que le pouvoir de l'administration sur la presse a été délégué à mon ministère. Que vos actes ne s'abritent pas derrière cette protection, mais qu'ils soient, au contraire, exposés comme les siens à la discussion publique.....

« ..... Que les actes de l'administration soient discutés..... Que les abus soient révélés..... Que les abus soient mis au jour !..... »

C'est bien entendu, les ministres ne demandent jamais autre chose ; et c'est le vœu le plus cher de M. le duc de Persigny en particulier.

Ce programme, Messieurs, M. de Girardin l'a pris au sérieux. Il était un ami fidèle, mais encore une fois, un ami indépendant; un ami grondeur si vous voulez, mais un ami sur lequel, à l'heure du péril, on pouvait compter pour défendre la cause à laquelle il s'était dévoué, en y rattachant, dans sa pensée, les véritables intérêts du pays !

On avait senti cela : j'en trouve la preuve dans un passage emprunté à un écrivain qui n'est pas suspect, un homme très-indépendant, mais très-dévoué également, dont la plume est libre, dont la parole l'est aussi: vous venez de le voir dans une circonstance toute récente ; je parle de M. Sainte-Beuve. Je ne suis pas fâché, je l'avoue, de faire donner un certificat à M. de Girardin, par un sénateur ! Et ce certificat je le trouve dans le *Constitutionnel;* c'est une autre bonne fortune ; c'est, en effet, dans le feuilleton de ce journal que je rencontre ce que je vais lire : il me paraît impossible de résumer tout ce que je viens de dire avec plus de vérité et de finesse :

« Nous louerons seulement M. de Girardin d'une chose, c'est d'avoir désintéressé le principe même du gouvernement impérial, c'est lorsqu'il contredisait de l'avoir fait sans aucune arrière-pensée critique, sans aucun esprit de dénigrement et sans un soupçon de venin. Plus d'une fois il a montré à quelles limites pouvait se porter la discussion la plus vive dans le cercle même où elle est présentement circonscrite. »

Messieurs, je ne veux pas dire autre chose ; on a bien compris ce qu'était M. de Girardin, c'était une conquête qui n'était point à dédaigner. Il a rencontré les amitiés les plus hautes; il a vécu ainsi quinze ans; ses critiques n'enlevaient rien à la valeur de son concours, elles lui donnaient seulement plus de prix et plus d'autorité.

Maintenant, vous connaissez l'homme ; voyons quelle a été sa conduite à l'occasion, soit du premier soit du second article poursuivis. Il est impossible en effet d'oublier ici le premier procès. M. l'avocat impérial nous l'a montré lui-même ; il pense que le second article se confond si bien avec le précédent qu'il doit vous suffire de vous reporter à votre sentence précédente. Il y a dans cette situation quelque chose de délicat, car je n'ai pas eu à combattre le jugement du Tribunal devant la Cour, et me voici amené à vous demander la permission de l'attaquer librement devant le Tribunal lui-même. Je le ferai avec le sentiment du droit de la défense, mais avec un profond respect aussi pour la justice.

Examinons d'abord la situation générale et les conditions dans lesquelles M. de Girardin a pris la plume :

Vous savez ce qui s'est passé au commencement de cette année : il y a eu dans les plus hautes sphères politiques une sorte de travail auquel M. de Girardin a pris une large part, et qui devait aboutir aux décrets du 19 janvier : ce travail avait une signification libérale. Je ne dirai pas que tout a été comploté, mais enfin tout a été débattu, préparé avec le concours de M. de Girardin ; cela est incontestable. Ce fut presqu'une victoire pour lui que ces décrets-là ; il y voyait avec un peu trop de confiance un programme qui a toujours été le sien : la conciliation chimérique de l'Empire et de la liberté ! Lui qui avait lutté, lui qui avait supporté impassible ! les railleries de l'opposition, il se trouva en proie alors à cette sorte d'ivresse du combattant qui tient la victoire. Hélas ! ses espérances ne furent pas de longue durée ; ce mouvement ne pouvait avoir de signification et de valeur qu'à la condition que des hommes nouveaux seraient chargés de représenter la situation nouvelle ; il n'en fut rien : on vit ceux qui avaient lutté dans l'intérêt du passé, ceux qui, la veille encore, avaient dit que l'Empire ne pouvait faire aucune concession, qu'il valait autant demander à l'Empereur d'abdiquer, on les vit soutenir vaillamment les décrets du 19 janvier et proclamer que depuis dix ans (ah ! le secret avait été bien gardé !) ils n'avaient pas eu d'autre préoccupation que celle de la liberté, que c'était là le souci de leurs jours et de leurs nuits.

Ils n'avaient jamais cessé de la combattre et ils trouvaient tout simple d'affirmer que son triomphe était leur ouvrage ! Ils étaient tombés persécuteurs et ils se relevaient apôtres ! Puisqu'ils étaient si pleins de bonne volonté, pourquoi se mettre à la recherche d'hommes nouveaux ? Il n'y eut rien de changé, il n'y eut qu'un décret de plus ! Ce fut un désappointement auquel M. de Girardin se montra sensible, non pas qu'il eût espéré telle ou telle situation personnelle, rêvé tel ou tel ministère, comme on l'a fait entendre... Non ! mais on comprend que, lorsqu'il vit que ces mêmes hommes allaient diriger le mouvement qu'ils avaient tout fait pour entraver, il ait perdu la confiance et la sécurité.

Ah! c'est qu'il sentait bien, comme je le sens profondément moi-même, que c'est la mise en œuvre qui est tout, et que mieux vaut la pratique libérale d'institutions autoritaires que les institutions les plus libérales pratiquées sous l'inspiration du fanatisme de l'autorité !.....

Eh bien ! c'est au lendemain des décrets du 19 janvier que se place la circulaire malheureuse du Directeur de l'administration des Postes (j'ai le droit de la qualifier ainsi, puisqu'elle a été enfin désavouée), puis la poursuite de *la Liberté,* et plus tard l'interdiction de la vente sur la voie publique, s'adressant à *la Liberté* et à *l'Avenir National.*

C'est dans ces conditions, c'est dans cette atmosphère que M. de Girardin a pris la plume et qu'il a écrit son premier article ; ce n'est pas à l'inspiration de la haine, de la colère, qu'il a obéi ; l'article est né d'une déception ! Les articles qui ont suivi, et celui qui est poursuivi, répondent au même ordre d'idées. Voilà le point de départ qu'il convenait de bien fixer.

Maintenant et avant d'aborder l'examen de l'article incriminé, je veux poser une question qui va paraître au ministère public bien étrange et bien téméraire : je me demande très-sérieusement si l'article 4 du décret du 11 août 1848 qui sert de point de départ à la prévention est encore debout, à l'heure où nous sommes? Il m'est impossible de ne pas soutenir les conclusions d'avant faire droit, que j'ai déposées tout à l'heure dans les mains de M. le Président.

Vous connaissez les termes de l'article 4 :

« Quiconque, par l'un des moyens énoncés en l'article 1er de la loi du 17 mai 1819, aura excité à la haine et au mépris du gouvernement de la République, sera puni d'un emprisonnement d'un mois à quatre ans et d'une amende de 150 à 4,000 fr.

« La présente disposition ne peut porter atteinte au droit de discussion et de censure des actes du gouvernement. »

« *Excitation à la haine et au mépris du gouvernement de la République.....* »

En entendant ces mots, tout le monde a souri, mais je crois que les jurisconsultes ne peuvent pas se contenter de sourire; il y a là une question très-grave, grave encore après avoir été touchée par la Cour de cassation, comme vous le verrez tout à l'heure.

Avant tout, il importe de bien déterminer les conditions dans lesquelles la loi de 1848 est intervenue; c'est facile.

Nous avons le rapport et la discussion; à l'époque où la loi a été proposée, on se trouvait en présence de la loi du 25 mars 1822 qui incriminait l'excitation « *à la haine et au mépris du gouvernement du Roi.* »

Quelle fut donc la pensée du législateur de 1848? Il n'avait pas d'autre but que de substituer une qualification républicaine à une qualification monarchique; ce ne fut qu'une question grammaticale, je l'affirme. Faire cadrer le vocabulaire nouveau avec les dispositions de la loi de 1822, remplacer le vocabulaire monarchique par le vocabulaire républicain, c'était là l'unique objet de la loi!

Si vous en voulez la preuve, nous allons la trouver dans la bouche d'un homme bien respectable et dont le souvenir est demeuré cher au Palais, M. Berville, rapporteur de la loi; il disait devant l'Assemblée :

« .... Quelques-unes de ces dispositions ont été conçues en vue d'un autre
« ordre de choses qui n'existe plus. Pour les rendre applicables, il faut que leur

« rédaction soit mise en harmonie avec l'ordre nouveau. La république a rem-
« placé la monarchie ; le vocabulaire monarchique doit s'effacer et faire place
« dans les lois au vocabulaire républicain..... »

Il n'y a pas autre chose dans le rapport ; la préoccupation unique de
la loi est de substituer la langue de la république à celle de la monarchie. Si nous consultons les débats, la situation est bien caractérisée à ce
point de vue.

Voici ce que je trouve en effet dans la bouche du président :

« Ce décret n'a pour objet que de substituer quelques mots à quelques
« autres. »

« C'est une opération purement grammaticale. »

Mais alors la première pensée qui se présente à l'esprit est celle-ci : Si,
en 1848, pour rendre la loi de 1822 applicable, il a fallu une substitution du vocabulaire d'alors à celui du passé, comment serait-il possible
aujourd'hui sans loi nouvelle, d'appliquer tout simplement la loi de 1848
à la protection de l'Empire, et de se servir de cette loi gardienne de la
République, pour sauvegarder le gouvernement qui l'a détruite?

L'article 1er de la même loi avait pour objet de défendre les membres
de l'Assemblée nationale contre toutes les attaques ; quand la présidence
a été inaugurée, la loi a été modifiée ainsi par la loi du 27 juillet
1849 :

« Les articles 1 et 2 du décret de 1848 sont applicables aux attaques
« contre les droits et l'autorité que le président de la République tient de
« la constitution... »

On voit bien encore ici l'analogie : un pouvoir meurt, un autre lui
succède ; de nouvelles dispositions sont nécessaires. Ce qu'on a fait en
1848, à propos de la loi de 1822, et en 1849, à propos de la loi de 1848,
indique assez ce qu'il convenait de faire sous l'Empire. Les précédents
sont là pour éclairer la situation, de telle sorte que je ne vois pas trop ce

que l'on peut répondre à cette affirmation que l'article 4 du décret du 11 août 1849 a été abrogé par la constitution impériale qui a substitué l'Empire à la République.

Cette question a été examinée par Dalloz, et voici comment il la tranche :

« Aux termes de l'article 4 de la loi du 25 mars 1822, quiconque, par l'un des moyens énoncés en l'article 1er de la loi du 17 mai 1819, avait excité à la haine et au mépris du gouvernement du roi, devait être puni d'un emprisonnement d'un mois à quatre ans et d'une amende de 150 à 5,000 fr. — Cette disposition, comme toutes celles qui avaient pour base la constitution monarchique du pays, a été paralysée, si non emportée par la révolution de 1848.

« L'article 4 de la loi du 11 août 1848 punissait aussi quiconque, par l'un des moyens énoncés en l'article 1er de la loi du 17 mai 1819, aurait excité à la haine ou au mépris du gouvernement de la République. Mais cet article s'est encore trouvé implicitement paralysé par le sénatus-consulte des 7-10 novembre 1852, ratifié par le plébiscite des 21 et 22 novembre de la même année, qui a rétabli l'empire, *et, depuis ce temps, aucune loi n'a été votée pour le même objet.* »

Voyons donc si Dalloz n'a pas raison : Je fais appel à tous les jurisconsultes qui m'entendent, et je fais appel aussi à cette jeunesse qui nous écoute, à tous ces esprits généreux et vaillants qui assistent aux débats avec tant de sympathie affectueuse.

Les termes ici sont bien nets : *le gouvernement de la République;* mais est-ce assez? Est-ce que ce n'est pas l'esprit qui domine tout? Comment! il y aurait un arsenal où s'entasseraient les armes de tous les gouvernements tour à tour; sans tenir compte du temps, de l'époque, on y pourrait puiser toujours; la République poursuivrait la monarchie avec la loi monarchique; l'Empire poursuivrait à son tour la liberté avec la loi de la République :

Non ! la loi se pénètre de l'ensemble des choses; elle s'inspire de ce souffle du temps qui circule autour d'elle. Une loi politique, nous ne parlons que de celles-là, ne peut s'abstraire des circonstances au milieu desquelles elle est née.

Ah ! l'on reproche aux Anglais d'être formalistes ? Ils ont bien raison ! Chez eux la question actuelle ne se poserait même pas. Il y a peu de temps un de nos ministres raillait à la Chambre la résistance de l'Angleterre refusant de livrer un condamné échappé des mains de la justice française, parce qu'on ne pouvait lui appliquer la loi d'extradition qui n'a prévu que la poursuite de l'accusé.

L'Angleterre a raison ! C'est une grande chose que ce respect strict et rigoureux de la loi. C'est là qu'est surtout le salut des temps troublés, et c'est au respect de la loi que je veux ramener la prévention !

La première fois qu'il a été fait application de l'article 4 de la loi de 1848, c'est je crois dans l'affaire Montalembert. En relisant ce procès qui n'est pas encore bien vieux et qui s'est terminé par la condamnation à trois mois de prison d'un homme qui honore le pays, on éprouve bien cette surprise dont je vous parlais au début de ma plaidoirie. La question que je discute fut abordée alors devant le Tribunal et devant la Cour. J'en retrouve la trace dans le compte-rendu de ce procès, qu'il était défendu de reproduire, et dont on a parlé naturellement partout, dont on a fait notamment en Belgique une publication élégante que voici.

Malheureusement aucunes conclusions ne furent prises dans l'affaire; aussi le Tribunal, malgré la discussion, n'a pas touché la question, et la Cour a fait de même; le jugement et l'arrêt n'osent pas, si je puis m'exprimer ainsi, viser exactement l'article 4 en l'appliquant.

M. de Montalembert est condamné « *pour avoir excité à la haine et au « mépris du gouvernement* » tout court. De la République, il n'en est pas question !

La difficulté n'a été sérieusement abordée qu'à une époque postérieure, à l'occasion d'une affaire qui a causé parmi nous une impression douloureuse ; je veux parler des poursuites dirigées contre un de nos confrères, M. Maurice Joly ; cette affaire fut cruelle aussi par son résultat : quinze mois de prison qui ne sont pas encore achevés ! Quinze mois de prison pour la publication d'une brochure politique, dans l'âge de la jeunesse, des hardiesses, même des folies ! A l'occasion du pourvoi en cassation dont l'arrêt fut l'objet, le moyen que je discute en ce moment fut directement relevé.

La Cour de cassation a statué ; mais je me permets de demander si elle n'a pas laissé debout le système tout entier ?

Voici l'arrêt :

« Attendu que sauf le mot République. . . . .

Rien que cela !

« Attendu que, sauf le mot République et sauf le droit de discuter les actes du pouvoir exécutif, droit qui n'existait pas sous la royauté, l'article 4 de la loi du 11 août 1848 n'est que la reproduction textuelle de l'article 4 de la loi du 25 mars 1822, qui avait également pour objet de réprimer le délit d'excitation à la haine et au mépris du gouvernement ;

« Attendu que l'article 56 de la constitution de 1852, en disant que les dispositions des codes, lois et règlements existants qui ne sont pas contraires à cette constitution restent en vigueur jusqu'à ce qu'il y soit légalement dérogé, a rendu par là applicables à l'Empire toutes les lois de la République qui n'étaient pas complétement incompatibles avec le principe du nouveau gouvernement ;

. . . . »

J'admets cela, mais est-ce que, précisément, l'incompatibilité n'est pas ici entre l'ancien régime et le gouvernement nouveau ? Est-ce qu'il s'agit du droit privé ordinaire ? Est-ce qu'il ne s'agit pas du droit politique ? Est-ce que les lois protectrices du gouvernement tombé ne sont pas tombées avec lui ? c'est là qu'est la question ; puis l'arrêt continue

« Que le législateur a été déterminé à cette reprodution, non par le motif que cet article était devenu inapplicable sous la République, mais uniquement parce qu'il était nécessaire d'introduire une réserve pour le droit de discuter les actes du pouvoir exécutif qui avait cessé d'être inviolable. »

Comment ! la Cour de cassation a pu dire cela ! Comment ! la loi a été faite pour son dernier paragraphe ! Je respecte profondément les arrêts de la Cour suprême, mais je respecte avant tout ma conscience et la vérité ! Comment ! quand je me trouve en face du rapport de M. Berville qui déclare qu'il ne s'agit dans la loi nouvelle que de la substitution d'un vocabulaire à un autre, quand j'ai entendu le Président de l'assemblée proclamer que la loi qu'il soumet aux votes n'a qu'une portée grammaticale, je dois m'incliner devant un arrêt qui dit :.

La loi était nécessaire pour introduire dans la législation de la presse un droit de critique et de censure qui n'existait pas dans la loi de 1852 !

Mon esprit se révolte à voir méconnaître ainsi l'évidence et la clarté des choses.

Je ne puis savoir, quand je pose devant le Tribunal la question actuelle, quelle sera sa réponse ; mais je sais bien d'avance que la réponse du Tribunal ne sera pas, dans tous les cas, celle de la Cour suprême.

Mais soit : la loi de 1848 est applicable : Voyons au moins sa portée et sa signification véritable. C'est une loi bien vague. On ne sait pas au juste ce qu'elle ajoute à la protection du Souverain, du suffrage universel ou de la loi qui nous gouverne tous ; il semble que tout soit compris dans les formules diverses qui ont garanti tour à tour toutes les forces vives de la Société ; mais non, chaque gouvernement s'est cru obligé de déposer dans la loi pénale quelque chose de plus encore, cet élément vague, flottant, insaisissable qui, tout à l'heure, permettait au ministère public de dire : « C'est le ton, c'est l'accent, c'est l'inspiration « qui fait ici la culpabilité. »

3

Si l'on précisait un peu, on serait bien obligé de dire : ce que la loi a voulu atteindre, c'est l'attaque énergique, malintentionnée contre le gouvernement, c'est là pensée de sa destruction et la lutte contre son principe. Si la loi veut dire quelque chose, c'est là ce qu'elle veut dire, ce n'est que cela ; car, dans le paragraphe final de l'article 4 se trouvent des réserves libérales sur lesquelles il faut insister :

« Le droit de discussion et de censure est réservé. »

Ainsi, garantie formelle du droit de discussion et de censure des actes du gouvernement. Ici, je trouve cette difficulté que j'ai déjà signalée : c'est le premier jugement qu'il faut que j'attaque dans la définition qu'il a donnée du droit de discussion et de censure.

Le Tribunal a dit dans sa précédente sentence : La censure des actes du gouvernement est permise par la loi de 1848 ; mais, qu'est-ce que c'est que la censure ? c'est une *critique accentuée*..... De sorte que, pour le Tribunal, le mot *critique* aurait suffi. Accentuée ou non, c'est là en effet affaire d'appréciation, et le Tribunal serait toujours resté maître de juger si le droit de critique avait été dépassé.

A quoi bon le mot censure s'il n'ajoute rien de plus?

Et qu'est-ce que la critique elle-même pour le Tribunal? C'est, d'après le jugement l'appréciation des actes du gouvernement, impartiale à ce point, que le journaliste doit présenter les différents aspects de la question ; il faut qu'il dise le *pour* et il faut qu'il dise le *contre ;* ce serait la réalisation dece fameux amendement qui, malgré moi, me poursuit toujours ; la critique suppose l'équilibre et la sérénité. Voilà la pensée du Tribunal. Eh bien, je ne crois pas cela. La critique a plus de liberté dans ses allures que le Tribunal ne veut bien le dire; elle a même le droit d'être passionnée, il lui est défendu seulement d'être déloyale !

N'eussions-nous que le droit de critique renfermé dans le droit de discussion, ce serait assez pour nous défendre ; mais la loi ajoute le droit de censure ; s'il y a deux expressions dans la loi, ces expressions représentent deux droits. Eh bien ! voyons ce qu'est la censure ; ouvrons le *Dictionnaire de l'Académie*. Au mot *Censure*, je vois d'abord l'histoire de la censure à Rome : cela ne nous regarde pas. Dans l'état de nos mœurs, les censeurs auraient trop à faire... Et puis je vois : *Censure : ce mot est pris le plus ordinairement* dans le sens de *correction, répréhension*, et, comme exemples, ces phrases : *s'exposer à la censure, subir la censure de quelqu'un.*

Comment ! la censure c'est la correction ! le droit de censure, c'est le droit de correction ! Mais M. de Girardin n'en demande pas tant ! il aurait le droit de corriger le gouvernement ! Il n'a pas, en vérité, une prétention si haute. Voulez-vous maintenant les applications du mot. Voici La Fontaine :

« Ces abus méritent censure. »

C'est bien là, Messieurs, la pensée de la loi de 1848, qu'il faut étudier en se replaçant dans le milieu d'alors. Car, vous voyez maintenant le danger de faire ainsi voyager une loi politique d'un régime à un autre et de la changer d'atmosphère. Est-ce que les législateurs de 1848 n'avaient pas l'intention, en protégeant la forme du gouvernement, de respecter encore la liberté ? Le dernier paragraphe de l'art. 4 le montre bien. Et l'on prétend aujourd'hui que l'Empire, partant du principe de l'absolutisme et de l'autorité, peut appliquer tout naturellement une loi faite sous l'inspiration de ce grand élan libéral ! Je fais appel à tous, je fais appel à l'histoire : Est-ce que la liberté n'était pas alors dans l'air ? Est-ce que le caractère de la loi ne se dégage pas de l'époque à laquelle elle apparaît ? Voilà le péril de ces résurrections ! le sens de l'interprétation manque nécessairement quand le milieu a si complétement changé. Vous ne pouvez aujourd'hui appliquer la loi de 1848 parce que vous risquez de ne plus la comprendre ; elle stipulait la critique et la censure des abus du pouvoir, du gouvernement ; elle le faisait dans l'esprit le plus large, et vous marchandez aujourd'hui la valeur et la portée du droit qu'elle a réservé !

Mais je reprends ; j'ai cité La Fontaine : Boileau, de son côté, a dit :

« Et bientôt la censure aux regards formidables..... »

et Bossuet sur le quiétisme :

« .... Il est pernicieux et nécessairement censurable.... »

La censure ecclésiastique c'est l'excommunication ! Voilà la langue, voilà la grammaire ! — Est-il possible maintenant d'admettre que la censure de la loi de 1848 ne soit que cette critique bienveillante, tranquille, presque affectueuse, dont on vous parle ? Ce que l'on voulait alors c'était réserver la liberté complète de la discussion, non-seulement à l'égard des actes, mais à l'égard du principe même du gouvernement. Voici ce que je trouve en effet dans les débats de l'Assemblée :

« M. Arnaud (de l'Ariége), un généreux esprit, pose cette question : « *Je demande si le projet de loi a entendu proscrire le droit de discussion* « *des institutions Républicaines ?* » On répond de toutes parts : Non ! non !

« — Ainsi, reprenait-il, on aura le droit de discuter et le délit ne commencera qu'à l'attaque ? » — M⁰ Jules Favre s'écriait alors : « Mais c'est le langage de la loi ! » — et M. Arnaud (de l'Ariége) reprenait : « J'ai voulu le constater. »

Ah ! je n'ai plus d'hésitation, Messieurs, j'affirme avec la raison, avec la langue, avec la loi, avec l'esprit de son temps, que le droit de censure emporte le droit de blâmer énergiquement ; ce qui n'est pas permis, c'est l'attaque, c'est la pensée de ruine, de destruction ; mais la censure ardente, passionnée, en présence des abus, mais la polémique colorée, énergique, c'est là ce que la loi de 1848 a voulu maintenir au profit de la liberté.

Messieurs, je n'ai plus qu'une chose à examiner : M. de Girardin a-t-il excédé ce droit de discussion et de censure ?

Messieurs, j'ai écouté l'organe du ministère public avec ce charme qui, même pour un contradicteur, s'attache à sa parole, toujours si loyale et si impartiale. Nous aimons tous la modération et la courtoisie de son langage, et je ne fais que répéter ici ce que j'ai trouvé dans la bouche même de M. de Girardin à l'occasion de la première poursuite dont il a été l'objet.

M. l'avocat impérial a d'abord, dans une sorte de préface, examiné la situation de M. de Girardin ; il a rappelé le premier procès et il vous a dit que, depuis cette époque, M. de Girardin avait pris une double attitude très-caractérisée : victime persécutée d'une part, et de l'autre ennemi déclaré du gouvernement ; M. l'avocat impérial n'a pas épargné les railleries au *condamné du 6 mars !* il a rappelé ce martyrologe des initiateurs figurant un soir dans la *Liberté,* et qui commence à Jésus pour finir par M. de Girardin ; tout cela, vous a-t-on dit, était puéril, et a fait beaucoup de tort à M. de Girardin. Je n'en suis pas bien sûr, et ce n'est pas précisément là d'où vient l'attaque, que M. de Girardin peut se renseigner à cet égard. Vous connaissez M. de Girardin, vous connaissez sa forme énergique, pittoresque, et son amour des formules qui pénètrent et qu'on n'oublie pas ; vous savez bien que le *condamné, du 6 mars* cela ne veut pas seulement dire M. de Girardin, cela veut dire le journalisme, la presse frappée dans sa liberté ! Ces mots-là ont leur valeur et font leur chemin ; ces énumérations où les noms les plus disparates se heurtent, ont aussi leur signification et saisissent l'esprit. Vous le sentez bien et vous n'en parlez que parce que vous le sentez !

Voilà pour la victime !

Quant à l'ennemi du gouvernement, oh ! là je ne reconnais plus l'excellent esprit qui inspire M. l'avocat général. Est-ce que, quand il a appelé en témoignage ce qu'il appelait l'aveu de M. de Girardin, M. l'avocat impérial n'a pas senti autour de lui, parmi ceux qui nous écoutent, une espèce de frisson, témoignage d'étonnement et de protestation silencieuse ? Je l'ai senti, moi.

Voyons en effet ce qu'a écrit M. de Girardin :

« Puisqu'on me range au nombre des ennemis systématiques du gou-
« vernement....... »

Qu'est-ce que M. de Girardin a voulu dire par là ?.....

M. l'avocat impérial. — Permettez-moi de vous dire, maître Allou, que j'ai rapproché simplement cette déclaration de celle du 8 mars, dans laquelle M. de Girardin acceptait hautement sa culpabilité.

Mᵉ Allou. — M. de Girardin n'a jamais accepté sa culpabilité, et dans ce passage il n'a pas fait autre chose que de dire qu'on le considérait comme un ennemi systématique du gouvernement; il n'a pas dit : *je suis un ennemi systématique du gouvernement.* Qui donc pourrait parler ainsi? Celui qui le ferait n'aurait plus ni autorité, ni force, ni action. M. de Girardin ne l'a pas dit.

Messieurs, il ne faudrait pas trop abuser des souvenirs du premier jugement. On dit que M. de Girardin a reconnu que son artic'e était malheureux. Soyons fidèles. M. de Girardin avait dit que l'article poursuivi manquait peut-être d'opportunité et il avait ajouté : Que voulez-vous ! il peut y avoir des articles malheureux comme il y a des expéditions malheureuses, comme il y a des circulaires malheureuses. En conscience, ce n'est pas précisément là une excuse et un aveu. Ne disons donc pas que M. de Girardin a reconnu sa faute, non! Et ne disons pas qu'en refusant d'interjeter appel, il a reconnu sa culpabilité : s'il ne s'est pas défendu en première instance, s'il a reculé après avoir appelé, ah! il n'y a aucun doute sur ses sentiments; dans le premier débat, s'il retenait immobile à ce banc son défenseur impatient, et s'il le condamnait au silence, c'est le souvenir d'affections passées qui l'enchaînait. Il regardait la poursuite comme une ingratitude et une offense. Il voulait l'abandonner à elle-même. Il voulait qu'il fût bien entendu, s'il devait y avoir rupture, qu'elle n'était pas venue de lui, qu'il n'avait rien engagé, rien compromis; il y avait quelque dignité dans une semblable attitude, et je m'étonne qu'un pareil souvenir puisse devenir contre M. de Girardin une accusation.

Mais, vous disait M. l'avocat impérial, la guerre a été déclarée ce jour-là; l'article poursuivi a été suivi de plusieurs autres qu'il est utile de connaître? Non, car ils n'ont pas été poursuivis. M. l'avocat impérial a vu dans ces articles et dans l'article actuel, une attaque à la magistrature, à la chose jugée ; la justice ne l'a pas ressentie, cette blessure ; on l'en félicite, et on rappelle sa longanimité, comme si on voulait éveiller enfin ses susceptibilités et leur demander un appui indirect tout au moins dans la prévention d'aujourd'hui.

Comment ! M. de Girardin n'aurait pas le droit de dire : Je suis le condamné du 6 mars ! il n'aurait pas le droit d'insérer la signification qui lui est faite d'avoir à payer l'amende ! M. de Girardin a trouvé curieux d'apprendre à tout le monde ce qui ne nous étonne pas, nous, gens du Palais, à savoir que lorsqu'on est condamné à 5,000 fr. d'amende, c'est 6,000 fr. qu'il faut payer avec le décime, le double décime, l'enregistrement, etc., etc. Il y a là la raillerie du plaideur mécontent. Il n'y a pas autre chose : n'ayez peur ; si on avait trouvé dans l'article poursuivi d'autres griefs que ceux que la citation relève, on ne les aurait pas dédaignés, croyez-le bien. Si l'on n'a pas poursuivi, c'est qu'on ne l'a pas pu. Et quand le procès actuel est là pour nous apprendre sur quelle pointe d'aiguille on peut asseoir une prévention d'excitation à la haine et au mépris du gouvernement, nous sommes convaincu que si M. de Girardin eût été coupable deux fois, deux fois il aurait été poursuivi.

Laissons donc de côté le passé, les précédents, le premier procès, les accusations qui ne sont pas dans l'accusation ; laissons aussi ce que le ministère public a appelé des *allusions transparentes* ; je ne sais pas ce que c'est ; je ne sais pas lire entre les lignes de M. de Girardin ce qui n'y est pas ; quand il écrit ces mots : « Il y en a qui sont dévoués par platitude, moi je suis dévoué avec conviction et avec indépendance, » je ne mets aucun nom à côté de ces généralités. M. de Girardin n'a dit là que ce que l'on a répété dans tous les temps : c'est que les puissants préfèrent ceux qui les flattent à ceux qui les éclairent.

Dans l'article lui-même, il y a deux parties : je crois que la première n'aurait pas pu être poursuivie, car M. l'avocat impérial est demeuré véritablement impuissant à y signaler une violation quelconque de la loi.

Mais M. l'avocat impérial a surtout insisté sur la deuxième partie de l'article ; il vous a dit qu'elle était la reproduction de l'article déjà condamné. Si le premier l'a été, le second doit l'être également. C'est une sorte d'enregistrement qu'on vous demande. Messieurs, je fais appel à vos souvenirs ; dans le procès précédent, j'étais déjà l'adversaire de M. l'avocat impérial, son adversaire muet. Je n'ai rien oublié ; il relevait trois passages de l'article d'alors ; dans le premier, nous sommes, disait M. de Girardin, au-dessous de l'Angleterre, de l'Italie, du Portugal, de la Suisse et de la Belgique ; sous le rapport de la liberté, il n'y a au-dessous de la France que l'Espagne... Oui, le ministère public avait raison, avec les destinées faites, à l'heure où je parle, à l'Espagne, ah ! c'est là pour nous une comparaison outrageante !

Il y avait encore autre chose dans l'article : il y avait le souvenir évoqué du 2 décembre. Le 2 décembre, Messieurs, je ne veux pas vous en parler ; j'aurais peur de ne pouvoir le faire en conservant ce ton de convenance et de modération que j'ai promis au Tribunal de garder jusqu'au bout, et que je me suis imposé résolûment à moi-même en abordant ce débat.

Puis enfin le troisième passage, Messieurs, c'était, selon le ministère public, le souvenir réveillé de l'expédition du Mexique.

Le ministère public ne faisait au reste que devancer le Tribunal : ces points-là ont bien été relevés par le jugement :

« Attendu qu'il affirme que la France est beaucoup au-dessous de l'Allemagne, de l'Angleterre, de la Belgique, etc., et qu'il n'y a en Europe, au-dessous de la France, que l'Espagne.....

« ..... Attendu que l'auteur, dans le but de réveiller les rancunes d'une autre époque, renouvelle les attaques dirigées contre l'acte du 2 décembre 1851, acclamé deux fois par le suffrage universel et qui appartient désormais à l'histoire..... »

Eh bien! M. de Girardin a fait un second article où nous retrouvons quelques-unes des idées que nous rencontrions dans le premier, mais dégagées de tout ce qu'elles offraient au regard de l'accusation, d'irritant, et de condamnable dans leur première forme.

Est-ce là un délit?

Comment! dans ce mouvement perpétuel d'une discussion qui se prolonge, M. de Girardin rencontrera les mêmes éléments qu'il a déjà mis en œuvre, et il n'aura pas le droit de les faire rentrer dans un article nouveau, en en détachant ce qu'ils offraient d'abord de trop vif. Voilà pourtant ce qu'il a fait. Il a critiqué et pas davantage; si vous voulez, il a *blâmé, répréhendé*, je ne veux pas dire *corrigé ;* rien de plus. Pourquoi rappeler la première prévention, puisqu'il ne reste rien dans l'article actuel de ce qui l'a motivée? Il n'est plus question du Mexique, il n'est plus question du 2 décembre, il n'est plus question de la place de la France dans l'échelle comparée des nations; nous avons tout simplement un article dans lequel M. de Girardin fait connaître ses impressions, avec une certaine vivacité il, est vrai, mais sans excitation à la haine et au mépris du gouvernement.

« Nous ne sommes pas, dit-il, aussi libres qu'en 1830; nous ne sommes pas aussi libres qu'en 1848. » Peut-on le nier ?

On nous a assez dit qu'une main énergique était nécessaire à la direction du gouvernement, qu'il fallait faire quelques sacrifices dans l'intérêt de notre grandeur ; que la prospérité du pays, que sa dignité au dehors étaient à ce prix. Ne répudiez donc pas l'inspiration même de la Constitution qui nous régit.

Oui, on nous a dit : Abandonnez-vous, laissez-vous conduire, et nous ferons flotter avec éclat le drapeau de la France.

Nous avons livré la liberté !

Hélas! où sont aujourd'hui les compensations?

De la politique intérieure, M. de Girardin n'a dit que cela.

Au sujet de la politique extérieure, il a dit davantage, mais il n'a pas dépassé la mesure de son droit : depuis le premier article de M. de Girardin, un fait grave s'était produit, le discours de M. Thiers et la réponse de M. le ministre d'État. A l'affirmation qu'il n'y avait plus une seule faute à commettre, on avait orgueilleusement répondu que pas une seule faute n'avait été commise.

Ah ! M. Thiers se trompait quand il disait qu'il n'y avait plus une seule faute à commettre!..... Il n'était pas encore question du Luxembourg.

M. de Girardin a repris à son tour l'affirmation du gouvernement, et il a dit : Quoi ! vous n'avez pas commis de faute ! Mais si le libre mouvement des nationalités doit être respecté, était-il de notre intérêt, de notre politique, de hâter en quelques jours, par notre concours et notre appui, l'achèvement d'une œuvre redoutable qui demandait peut-être le long travail d'un siècle? Si nous prêtions notre concours, notre appui, n'en fallait-il pas du moins en rechercher la compensation dans quelques agrandissements territoriaux? Si nous voulions demeurer désintéressés et chevaleresques, ne pouvions-nous pas nous assurer au moins, en échange, une solide alliance et une amitié redoutable? Voilà ce qu'a dit M. de Girardin, voilà ce qu'il a pensé, voilà, je l'avoue, ce que je pense sincèrement moi-même.

Messieurs, je ne suis pas un homme politique, je ne suis dans les liens d'aucun parti, mais j'exprime librement devant vous les sentiments consciencieux d'un honnête homme.

Quoi ! ce n'est pas là le droit de critique, le droit de censure ! Quoi ! M. de Girardin n'aurait pas pu dire cela ! Mais c'est vrai ! Mais tout le monde le sent ! Mais c'est l'évidence même ! Mais il n'est pas un des hommes appartenant au gouvernement actuel qui, dans l'intimité des épanchements familiers, ne confesse cette situation désolante à laquelle nous sommes arrivés. M. de Girardin ajoute avec résolution : Ne regardons pas en arrière. Voyons le mal et avisons bien vite à le réparer; mais, pour l'amour de Dieu, ne dites pas que vous n'avez pas commis de fautes, et ne venez pas dire à la France qu'elle est la plus libre et la plus grande des nations !

Voilà le langage qu'a tenu M. de Girardin, et je dis qu'il n'en est pas de plus droit, de plus honnête et de plus politique. Et en même temps qu'il parlait ainsi, par ses tendances belliqueuses d'aujourd'hui, est-ce que M. de Girardin n'apporte pas un appui énergique aux desseins secrets, caressés peut-être par le gouvernement lui-même?

Où est donc la haine et le mépris du gouvernement? Où est donc l'ennemi déclaré?

Mais, dit-on, M. de Girardin a oublié le sentiment de la patrie ; il a dit que les Luxembourgeois n'étaient pas très-enthousiasmés de cette annexion rêvée, qui ne leur rapporterait rien. A-t-il beaucoup exagéré? Franchement l'attrait ne peut pas être bien vif. Qu'avons-nous donc à leur donner ? Il a été un temps où la France appelait à elle les aspirations de tous les peuples. Je crois que cette heure-là est passée. Mais enfin est-ce un délit que de dire cela? Reprochez-nous donc encore, si l'on ne peut pas dire cela, de nier la liberté des temps où nous vivons, quand vos poursuites mêmes sont la plus éclatante justification de nos plaintes et de nos regrets !

Voilà le procès tout entier et je ne veux ajouter que quelques mots.

Messieurs, un souffle de liberté a passé sur le pays. Je n'entends pas parler des promesses du 19 janvier ; je parle des aspirations, de l'élan qui les ont rendues nécessaires. Messieurs, je vous le demande, comme on l'a souvent demandé à la justice dans de grandes et solennelles occasions, associez-vous à ce mouvement fécond, par l'interprétation gé-

néreuse et libérale de la loi. C'est une haute manifestation, c'est un acte
de dévouement à la chose publique que je vous demande ; assez de com-
pressions, assez d'entraves ; Goethe mourant, s'écriait : De la lumière,
plus de lumière ! Messieurs, il y a aujourd'hui toute une nation com-
primée, asservie, qui étouffe, qui se débat et qui crie : Liberté ! liberté !

Sur l'appel interjeté par M. de Girardin, et devant la Cour, M. le procureur
général de Marnas déclara qu'il était temps d'en finir avec cette prétention de
M. de Girardin d'avoir protégé l'élection du président, que son concours avait
été nul, que son véritable candidat, à cette époque, était M. de Lamartine, que
la meilleure preuve à cet égard, c'était l'exil même de M. de Girardin, après le
coup d'État.....

Me Allou, après avoir rétabli les faits, s'exprima ainsi :

..... Et cependant M. de Girardin a été exilé, c'est vrai ! il a été chassé de
son pays, en même temps que ces grands bannis qui emportaient avec eux le
droit, la liberté et l'honneur de la France ! Mais c'était là un premier acte d'ingratitude ! La poursuite actuelle est le second !...

17948 — Typographie Renou et Maulde, rue de Rivoli, 144.